NCLUSION

e

psychologue de la santé:

**acilitateur du partenariat
entre l'équipe de soins
la personne diabétique**

3 Fonctions.

Position

psycholog

1. Soins directs au p
2. Consultation, for
3. Recherche évalua
2002; Drash, 1994)

31

PÉRIODE DE QUESTIONS

?

33

POIDS PLUME

Loco Locass

POIDS PLUME

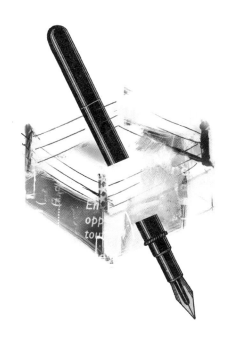

FIDES

Direction éditoriale : Emmanuel Bertrand-Gauvin
Direction artistique : Gianni Caccia
Direction de la production : Carole Ouimet
Mise en pages et infographie : Bruno Lamoureux

Illustrations : Alain Reno

Crédits photographiques
Marie-Lyne Baril / Studio Macadam : toutes les photographies,
à moins d'indication contraire.
Christian M. Fournier, cinéaste : pages 24 à 27, 41.

Édition des œuvres de Loco Locass : Éditorial Avenue
www.editorialavenue.com

Catalogage avant publication de Bibliothèque et Archives Canada

Loco Locass (Groupe musical)

Poids plume

ISBN 2-7621-2648-7

1. Titre.

PS8573.0316P64 2005   c841'.6   C2005-941981-4
PS9573.0316P64 2005

Dépôt légal : 4ᵉ trimestre 2005
Bibliothèque nationale du Québec
© Éditions Fides, 2005

Les Éditions Fides remercient de leur soutien financier le ministère du Patrimoine canadien,
le Conseil des Arts du Canada et la Société de développement des entreprises culturelles du
Québec (SODEC). Les Éditions Fides bénéficient du Programme de crédit d'impôt pour
l'édition de livres du Gouvernement du Québec, géré par la SODEC.

IMPRIMÉ AU CANADA EN OCTOBRE 2005

La victoire sur soi
est la plus grande
des victoires.

PLATON

...ose nationaliste ? les médias anglais
nationaleux   la droite sur ta ga...

La gazette , le Roc
chaude
Le Dominion Commonwealth
les 3
Bouchard Parizeau Démonstr...

le
La baisserie des bas conno
bonspiotes   font to...
héréditaire   const
apartheid   le par...
3) Afarisme bs Legendaire   + tous
F fait fa...
qui parlent, eclairant sur la pre...
qui a immediatement avive la
à grand les
parties communes ?   remorque
d'la n...

hale de la minorité francophone
fonsisité. finit de nous
de nos intentions, na dessi...
inut au d'esprit délégance
impériale parce que trop
nait..

o vont jusqu'à isoquess les fructabe
dae pour expliquer l'imperaut...

« Yesterday up on the stairs
I saw a man that wasn't there
He wasn't there again today
Oh! How I wish he'd gone away »

ANONYME

Ici, nous n'existons pas. Nous
passons plutôt notre temps
dans les replis du possible,
avec notre chance en veilleuse.
D'autres l'ont dit avant et le
disent aujourd'hui. Le dire,
c'est résister, c'est se battre.
Seule posture acceptable pour
les êtres évanescents que nous
sommes. Car dire, c'est exister
davantage.

LOCO LOCASS

L E RAP EST D'ABORD et avant tout écriture, travail sur et avec la langue, témoin d'une sensibilité. L'ostentatoire richesse d'une langue tient tout entière en ce qu'elle est parlée et comprise par plusieurs ; sans cela, sans cet accès au multiple que permet le langage – lieu d'appartenance –, les mots seraient absurdes, dérisoirement pauvres, inaptes, enfin, à rendre compte de quoi que ce soit : on écrit pour soi bien sûr, mais vers l'autre, toujours.

Pourquoi redire, avec gaucherie et présomption, ce qui fut tant de fois raconté de plus belle façon et en réelle connaissance de cause par de « vrais » écrivains ? Parce que le rap est tout cela aussi : une parole jeune, souvent gauche et très

Dans l'œil du mot

certainement présomptueuse, mais parole quand même, témoin d'une sensibilité à voir ou « revoir » le monde. Œuvrer à dire, au mieux de ses possibilités, de ses connaissances, au mieux de son existence – et dans une forme, s'obligeant à la contrainte, donc – un je-ne-sais-quoi d'indicible qui nous remue, nous bouleverse et qui se précisera, deviendra, seulement dans le labeur heureux de l'écriture, voilà qui est noble, absolument. Et téméraire !

Que le rap soit, voilà un signe manifeste de l'indéfectible vitalité de la poésie, de sa fondamentale importance, elle qui ne connaît pas les préjugés, les classes ou quelque clivage que ce soit, elle qui advient là où le cœur est sincère et le désir, pressant ; la poésie qui débâillonne la misère, voix qui sourd des prisons, des ghettos, des cités et qui, peut-être plus simplement, libère de la peur d'être. Si les Loco Locass se sont approprié cette façon d'écrire et de dire, c'est parce qu'ils ont cru et persistent à croire que le rap est ni plus ni moins que de la poésie : après le vers, la prose, le rap en somme… Et s'il est vrai que le rap porta dès sa naissance la parole de ceux qui n'ont pas voix au chapitre et qu'il en garde dans sa forme, sa façon et dans ses thèmes, l'empreinte, la marque – indélébile comme la couleur de la peau –, à l'exemple de toute poésie, il vise à l'universel, à ce qu'il y a d'immortel chez l'homme et qui se transmet depuis la nuit des temps.

La poésie par essence est l'expression d'une quintessence ; pour le poète, un mot bien choisi en vaut dix et généralement les détours ne sont pas de bon ton. Poésie de l'outrance, orgie de signes et de symboles, sorte de dionysies verbales, le rap récuse, c'est son esprit même, tout paramètre ou toute convention : il est littéralement le « T.G.V. qui tergiverse », lui qui cultive comme un art le paradoxe d'aller « droit au but en passant par quatre chemins ». Mais la synthèse n'est jamais loin et souvent vertigineuse. « Écrire, c'est faire passer le chaos dans le chas d'une aiguille », rappent encore les Loco Locass.

Véritable macédoine sonore, parole anarchique, déchiqueteuse, qui mâche les mots en chique et les recrache en riant ; délinquance langagière qui malmène amoureusement la langue, la secoue de ses habitudes, la fait sortir de ses gonds pour que ça sonne, que ça grogne et que ça rogne un peu plus ce qui « pogne » par le cou, « la main du bourreau qui pèse sur nous »*. Le rap des Loco Locass finira par la faire pourrir, s'il se souvient de son voto « faut que ça tue pour que ça vive ».

ALAIN THERNES
Docteur en philologie
Département d'études romanes
Université catholique de Louvain

* GIGUÈRE, Roland, *L'Âge de la parole* (poèmes 1949-1960), l'Hexagone, 1965.

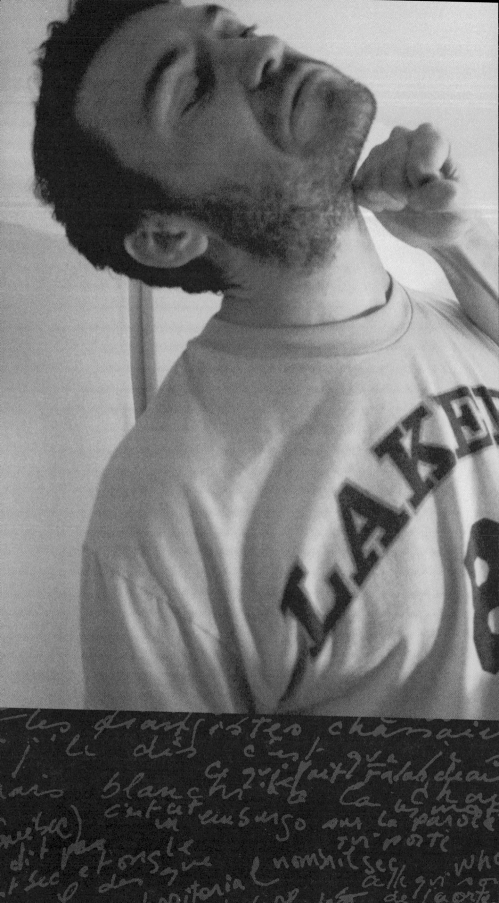

AMOUR
ORAL

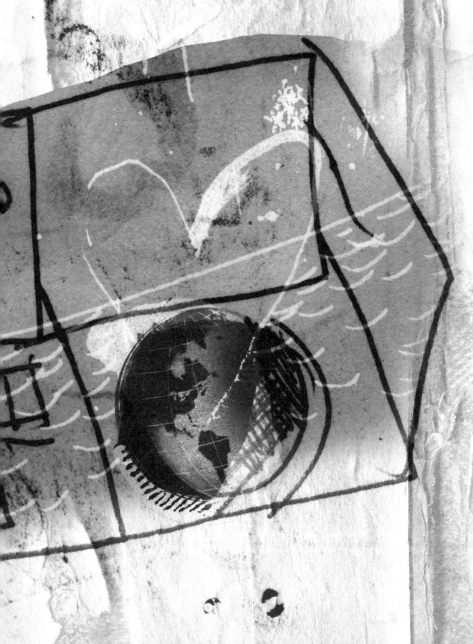

BATLAM • La question du mandat... Moi, je dirais que le mandat est quand même de mieux connaître la société dans laquelle on vit, de l'appréhender. Par exemple... écrire un rap sur la société ou, mieux, l'histoire québécoise... C'est une occasion d'aller la connaître, cette histoire-là, mais intimement. Il n'y a rien de mieux pour t'approprier quelque chose que de créer avec ces nouvelles connaissances. T'apprends un nouveau mot et tu l'utilises toute la journée, toute la semaine, tu le mets partout. C'est une façon de l'intégrer à ton corpus... de faire corps avec lui. Dans tout ce que l'on fait, moi, je pense qu'il y a ça aussi. On se dit : Ok, les libéraux de Jean Charest, qu'est-ce qu'ils sont en train de faire ? Ils sont en train de saccager l'héritage de la Révolution tranquille. Quel est-il, cet héritage ? Réfléchissons-y, mais en chanson. Pour que ça groove. Parce que la pensée, elle groove, parce que la pensée, c'est un mouvement.

 BIZ • L'autre jour, on rencontrait des jeunes de sixième année qui ont douze ans. On parlait du référendum et on leur demandait s'ils connaissaient ça, le mot référendum. Ils répondaient non. OK, vous aviez quel âge en 1995 ? – Ben moi, je suis née en 1993. Ils avaient deux ans. Ils sont nés pendant le référendum, pour eux ça veut rien dire. Ces jeunes-là trippent quand même sur ce que l'on fait. Faut prendre les gens où y sont. Pour nous, l'objectif c'est toujours de niveler par le haut. Quand j'emploie un mot complexe, je me dis que si moi, je cherche à la journée longue dans le dictionnaire, eh bien, toi aussi, tu peux aller jouer dans le dico.

BATLAM • Il y a aussi l'idée – pis ça c'est toi, Chaf, qui avais dit ça – qu'on est une sorte de courroie de transmission pour un public qui est moins sensible ou qui a moins accès, ou qui est plus fermé. Parce que nous, on parle de lire les journaux, mais y'a pas tant de gens que ça qui se donnent la peine d'éplucher un journal. Il y a tellement de monde qui se contente des gros titres. On est une caisse de résonance pour plein de gens qui n'ont pas... qui n'écoutent pas ce qui se passe. C'est une nouvelle façon de parvenir à eux, pis ils sont drôlement plus sensibles à ça.

 CHAFIIK • On est des gens de notre époque, on est le CNN du rap.

BATLAM • CNN ? Ben non, BBC : Batlam, Biz, Chafiik.

(Rire général)

POUR UN OU

c'est possible

Pour bén...

...ers et Prose

pour le

POÉSIES ORIGINALES

...MMANDE

Résistance

CHAFIIK, BATLAM, BIZ

C'est l'Intifada d'la faconde qui fronde face au Canada
Arrogant régent s'ingérant dans nos affaires
Vaguement totalitaire
Loco Locass réitère, au nom d'la nation, son intention
    de garder une attention constante sur les tensions
Attention, on va maintenir la pression
C'est plus qu'une impression
On r'met tout en question
Sinon, y'a régression
Vitale est la mission
Même si on s'fait chier en chicanes de cons
Ostie que ça tue l'action !

Tous les 365 jours, 24 sur 24
À chaque tic tac, paranoïaque
Excroissance de mon angoisse pour tous ceux qui s'en sacrent
Qui vont, qui vaquent, entre les reins d'la vacuité, télévissés

En sécurité, vaincus au spectacle de l'actualité
Comment faire l'épreuve de la réalité ?
Au royaume des aveugles, les rois sont les kodaks
À voir la vie en vrac, de vivre on a le trac
Pis pour oublier qu'on s'oublie on court marcher pour l'Irak

Envergure qu'on enrobe, fierté qui s'dérobe
D'un peuple qui vit dans l'garde-robe
Quand la moitié est claustrophobe
Au fond, y'a juste Bourgault de probe
Pineault pis nous pour nommer cet opprobre

Attention, on va maintenir la pression
C'est plus qu'une impression
On r'met tout en question
Sinon, y'a régression
Vocale est l'agression
Vitale est la mission
Même si on s'fait chier en chicanes de
CON o STI qu'ça TU(e) l'ac TION!

Pas de chicane dans ma cabane
Au Canada, c'est comme ça
Ni OUI, ni NON
Manie d'un nous mou, moumoune et minable
Incapable de choisir entre le lys et l'érable
T'es pas parti, pis tu joues pas la partie
Mais faut qu'tu rentres ou qu'tu sortes
Un pied chaque bord d'la porte
C'est le propre d'un criss de cloporte!
Quand je vois les stats, j'constate
Qu'on est Québec et mat
On joue pour le pat
En traînant d'la patte
L'alarme! L'alarme! la larme coule sur ma joue
    et sonne sur mon tympan
Un pays sans enfants, sans nouveau sang, c'est sans bon sens
On fait pus d'flos mais y nous en faut pour tenir le rafiot à flot
D'autant que les p'tits gars qu'on a
Trippent su'l trépas à ce point-là
Qu'y se sonnent eux-mêmes le glas pour l'au-delà
Pis ça c'est pas du bla-bla
Tu me trouves acide, le kid?
J'essaie juste d'être lucide
Parce que spermicide ou suicide
Dans les deux cas, pour nous c'est l'autogénocide
Fa'que décide ou décède
Chaque pouce d'identité que tu cèdes
Nous mène, humiliés, poings et pieds liés
À la fatale *fat* assimilation

Attention, on va maintenir la pression
C'est plus qu'une impression
On r'met tout en question
Sinon, y'a régression
Vocale est l'agression
Vitale est la mission
Même si on s'fait chier en chicanes de
Constitution

Tique pas sur la tuque l'eunuque
Si l'emblème est caduc dans ta tête de Turc,
   de damned Canuck
Moi, j'tiens au chaud ma tête à Papineau
Pus de quiproquos, me coiffe de mes idéaux

Biffe d'un trait blanc-bleu
L'horreur d'un siècle sans queue
ni quête, où l'erreur fut inhumaine
Et nous mena en deçà d'un humanisme à redire

Sisyphe au métier, grand Dieu !
Me remets, épanche mon sang bleu
M'encre dans ce temps, ce lieu
C'est que sans appartenance, vieux
Y'a pas de transcendance, ceux
Et celles, tous ces gens
Qui s'allègent de leurs allégeances
Alléguant l'urgence d'un amour immense
L'imminence des grands ensembles
   et s'enracinent dans l'errance
Pour vivre la totale appartenance
Qui a toutes, mais toutes les apparences
D'un totalitarisme en naissance
Qui fait des particularismes une nuisance
De moi un terroriste en puissance
Quand je prends le camp de la résistance

Attention, on va maintenir la pression
C'est plus qu'une impression
On r'met tout en question
Sinon, y'a régression
Vocale est l'agression
Vitale est la mission
Même si on s'fait chier en chicanes de
CON o STI qu'ça TU(e) l'ac TION !

Vitale est la mission
Même si on s'fait chier en chicanes de Constitution

La bataille des Murailles

BIZ

Il y a de cela des lunes et des lunes
Alors que la terre de nos terres était encore brune
Et que les pères de nos pères burinaient les runes, chacune
Des contrées se sont rencontrées afin de contrer une lacune
Remarquée par le Monarque des monarques
Yvan, désireux de laisser sa marque
De commerce
Voulait lever les herses
Afin que le commerce perce
Les barrières et que les sesterces
S'acquièrent sans frontières

Manifestement, Yvan
L'Empereur de la peur
A les paumes sales et souillées de sang
Il a bâti son royaume en assujettissant
Tout à la fois les petits gnomes et les clans les plus puissants
Sous son immense heaume blanc et resplendissant
Et depuis ce temps sous le chaume, les paysans sont agonisants

Yvan a les paumes sales et souillées de sang
Les paysans sous le chaume sont agonisants

Soi-disant pour remédier à ce merdier
Yvan invite à sa table tous les notables
Un seul est jugé indésirable
Un incroyable nain à la barbe vénérable
En exil dans une île, coupable
De n'avoir jamais fléchi l'échine

Devant la Machine du Seigneur de la rancœur de pierre
Qui, froissé dans son honneur, tient rigueur à l'insulaire
Et l'isole dans son atoll

Les monarques unis pour abattre les clôtures
Se sont réunis entre quatre murs
Afin que le plus petit de leurs murmures meure
Sous le cliquetis des armures
L'heure est au leurre
À la bataille des Murailles
Au-delà du portail, c'est la ripaille
Pour les quelques canailles

Mais pas une grenaille ne reste pour la marmaille

« Camarades, tous aux barricades ! À l'assaut de la palissade !
Finie la mascarade !
Pas question qu'on nous mène à l'abattoir
Sans pouvoir savoir
Ce que le pouvoir
Nous cache dans le noir »

Samouraïs et racaille
Aux portes des Murailles
Avec L.O.C.O.L.O.C.A.S.S.
Se dressent à la herse de la forteresse
Où se terre l'essaim de spadassins assassins d'Yvan le suffisant
Ombres sombres en nombre suffisant
Pour éradiquer le clan des dissidents
Et disséminer des dents aux quatre vents

À main nue, sans gants
Sanglants, y feront pas semblant
Mais pour l'instant, seules coulent la salive et les invectives
Des deux côtés de la rive
Les regards se rivent
La tension est vive

On est sur le qui-vive

En attendant que l'inévitable arrive

Et quand de main de maître
On perce le périmètre
La clique rapplique
Les flics paniquent
Comme des yaks
Passent à l'attaque et matraquent du tac-au-tac
Rak Tak !
C'est le saccage, la bête est sortie de sa cage
On nage en plein Moyen-Âge
Casqué, masqué, l'escadron
Fond sur tous les flancs comme un faucon sur un faon
« Mais pas question qu'on capitule !
Hardi, pardi ! Par ici la catapulte !
Selon les calculs, on peut percer le rempart de part en part »
En haut du château
On lance des carreaux
Certains sont k.o.
Sur le carreau
C'est le chaos
Camarades !

« Camarades, tous aux barricades ! À l'assaut de la palissade !
Finie la mascarade !
Pas question qu'on nous mène à l'abattoir
Sans pouvoir savoir
Ce que le pouvoir
Nous cache dans le noir »

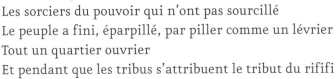

Blasée, naze et gazée
La foule refoule et se défoule
Dans les faubourgs
Jusqu'au petit jour
C'est ainsi que voulant faire vaciller
Les sorciers du pouvoir qui n'ont pas sourcillé
Le peuple a fini, éparpillé, par piller comme un lévrier
Tout un quartier ouvrier
Et pendant que les tribus s'attribuent le tribut du rififi

Le royaume s'unifie et se solidifie

Sous le dôme fantôme de l'économie

Les monarques unis pour abattre les clôtures
Se sont réunis entre quatre murs
Afin que le plus petit de leurs murmures meure
Sous le cliquetis des armures
L'heure est au leurre
À la bataille des Murailles
Au-delà du portail, c'est la ripaille
Pour les quelques canailles
Mais pas une grenaille ne reste pour la marmaille

2 NOVEMBRE 2004

L'ÉLECTION AMÉRICAINE EST SUIVIE EN DIRECT
SUR ÉCRAN GÉANT PENDANT LE LANCEMENT D'AMOUR ORAL

W Roi

BATLAM

W voit bouche bée, en direct à' TV
L'écroulement inouï du WTC
Y demande à Télésino de faire rouler en boucle la bobine
Pour que l'horreur ne fasse plus horreur mais devienne
    de la routine
S'disant à juste titre qu'on se fait à tout en ce bas monde
D'avoir une main dans le cul, lui, ça n'le gêne plus
    le moins du monde
Il n'y pense plus, il ne pense plus qu'il a oublié de penser
Que pour penser – qu'est-ce que t'en penses ? –
    faudrait cesser de penser à sa panse, lui
Paraphrasant Descartes, y se dit :

« J'ai une panse donc je suis »

L'incarnation fatale du héros prophétique d'Alfred Jarry
Ubu, mafflu, ventru, lippu, pansu, dès lors penses-tu
    qu'y pense à autre chose qu'à son pouvoir de dépenser ?
Or moi, quand je décompense, quand j'en perds mon dentier
C'est quand ce drone se pense président des US
    et coutumes du monde entier

CHAFIIK · J'ai commencé à écrire *Antiam'* le 11 septembre. Ça a commencé le 11 septembre. J'ai jamais pu trouver mieux que cette réflexion banale que je me suis faite ce jour-là : Tu peux pas être le maître du monde sans mépriser l'monde. Finalement, tout était là.

BIZ · Moi, je me suis dit : Ils vont encore être plus américains qu'ils le sont.

CHAFIIK · Y'a quand-même eu un 10 secondes d'espoir où l'on s'est dit : Peut-être qu'ils vont s'ouvrir. Mais, depuis les élections du 2 novembre, on voit qu'en toute connaissance de cause, ils appuient les politiques de Bush.

BATLAM · Quand j'ai vu sur les abribus de la Grosse Pomme : «Save New York, Shop New York» dans les semaines qui ont suivi… Je sais pas… Tout était dit.

Antiaméricanisme
primaire

CHAFIIK

Pour qui tu t'prends, espèce de peuple impérieux
Tu t'étends partout pas d'tact : oouuuhh c'est périlleux...
Ça va péter de par toutes les parties opprimées
Faudra payer pour tou'é pays qu't'as tenté d'touer
Toé qui sais pas pourquoi personne peut t'supporter
Y'a des vérités héritées ardues à porter
Pourtant c'est à portée d'entendement
Mais c'est t'en demander tant pour l'instant...
C'est trop gros pour ton ego
Et pis d'amis t'as pas parce que tu passes et te répands
    comme une épidémie
T'as pas d'bon sens, le con
Tu penses comme une contagion
Tu mets des légions dans toutes les régions
Ça fait des lésions, des sécrétions
    d'matière première pour TA réplétion
Des États en état de sujétion et d'indigence
Ou d'autres dans le sillon de Sion
Qui malgré leur apparence d'indépendance
Te doivent leur existence contre-nature
Qui nourrit les frictions
Ça dure depuis des siècles y'a pas d'solution, j'te jure
Pis tu nous fais l'affront d'essayer d'être juge et partie :
T'es pas mal mal parti...

On peut pas être le Maître du Monde sans mépriser l'monde
Vous s'rez pus les masters parce qu'astheure ça gronde
On peut pas être le Maître du Monde et pis aimer l'monde
On sonde son nombril de lombric
On peut pas être le Maître du Monde sans faire chier l'monde
Ça prend plus qu'un plaster pour calmer la fronde
On peut pas être le Maître du Monde
Tu mèneras pas à terme ton plan immonde

J'ai choisi mon camp
Quand ?
Quand tu me l'as demandé, le Grand !
Entre le p'tit monde ou le roi
C'pas toi mon choix... c'est quoi l'émoi ?
Tu t'attendais pas à tant, tant tu te sens essentiel ?
Mais sans l'ciel de ton bord qu'est-ce que tu veux faire ?
C'est l'Enfer ! La Mort !
Tout est relatif ici-bas, c'est ça qui va pas !
Mais relaxe, *du mal* y'en a partout même (surtout) dans ton bout
Tu vois donc pas qu'la myopie des criss d'intégristes, au fond
C'est ton fondamentalisme presbyte et casse-couilles
Mais en moins hypocrite, en plus « on s'débrouille »
Ta fatuité de *fat ass* fait qu'y faut forcer
  forcément un peu plus pour faire fuir le minus
  qui se camoufle au tréfonds de toi

Tu fais peur au monde mais fais gaffe à la fronde

Ça gronde ça gronde...

On peut pas être le Maître du Monde sans mépriser l'monde
Vous s'rez pus les masters parce qu'astheure ça gronde
On peut pas être le Maître du Monde et pis aimer l'monde
On sonde son nombril de lombric
On peut pas être le Maître du Monde sans faire chier l'monde
Ça prend plus qu'un plaster pour calmer la fronde
On peut pas être le Maître du Monde

Ça fait que : fais attention
Ça prend juste une fraction de faction
Une effraction, et tac ! : un coup d'exacto ou d'couteau...
Tôt ou tard les exactions vont pleuvoir
La miction entre en fonction dans ton caleçon
Tu passes à l'action même si y'a rien à faire
    que de raser tous les arbres
Dans les pays où c'est que y portent la barbe,
Faire sauter toutes les cavernes ?
C'est de l'impatience-fiction, du Jules Verne,
Mais t'as raison ça prendrait beaucoup trop de temps
    sans tension
Cent ans de repentance, et des excuses honnêtes et nettes
    à la planète
Pour que se mettent à t'apprécier tous les peuples que t'as tapé
    à la machine
Fautes de frappes, vous auriez la sympathie
    comme arme de persuasion massive
Tu m'as d'jà dit qu'j'avais le même discours qu'Oussama Ben Laden
Oouh, ça m'a fait ben d'la peine !...

On peut pas être le Maître du Monde sans mépriser l'monde
Vous s'rez pus les masters parce qu'astheure ça gronde
On peut pas être le Maître du Monde et pis aimer l'monde
On sonde son nombril de lombric
On peut pas être le Maître du Monde sans faire chier l'monde
Ça prend plus qu'un plaster pour calmer la fronde
On peut pas être le Maître du Monde
Tu mèneras pas à terme ton plan immonde

On peut pas être le Maître du Monde sans s'ficher du monde
On peut pas être le Maître du Monde sans ficher tout l'monde...

Groove grave

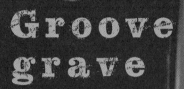

BATLAM

L'abîme brame sous nos pieds qui triment, trament
Enweille! Déguédine Dan, déguédine Dan Dan
Comme Zinédine Zidane
Quand j'rime, j'rame sur l'abîme qui brame
C'est comme un bon baume sur mon âme, un hymne qui m'calme

Obligation de penser, urgence d'agir
Car tous ceux qui pensent peu agissent et bientôt régissent
Un monde qu'ils veulent lisse comme une table de miss
Sans rien qui s'braque, qui s'rétracte
Dixit la loi C-36 pis l'*Patriot act*
Pas de craque dans' glace, ni d'acné dans' face
Yo! Faut que ça glisse pour que la business se fasse!

Ostie de câlisse de saint-ciboire de tabarnak!
Y'a queq'chose de pourri au royaume du *trademark*
Dieu est mort, faut bien qu'on l'remplace
Qu'on remplisse le vide qui prend toute la place
Ça fait que ça court, ça s'affaire, ça remplit des sacs
Ça consomme, ça espère consumer le trac
Que dis-je, le trac: le vertige de l'insignifiance dans ta face
Quand s'écroule à l'écran le château de cartes Visa
Visé au cœur et la télévision coite
Pour une fois te laisse les mains moites
C'est que Dieu est Maure et bien vivace

Été 2004, studio Masterkut, enregistrement d'*Amour oral*

L'abîme brame sous nos pieds qui triment, trament
Enweille! Déguédine Dan, déguédine Dan Dan
Comme Zinédine Zidane
Quand j'rime, j'rame sur l'abîme qui brame
C'est comme un bon baume sur mon âme, un hymne qui m'calme

Deuxième paragraphe, pendant que les raisons sociales
Paraphent le nouveau contrat social
L'épitaphe sur la pierre tombale
Ci-gît le mal, mort sous l'ère mondiale
L'hégémonie voue aux gémonies les régimes honnis
Or, au cœur même de l'homogène gîte l'ennemi

Ben Laden ou Timothy McVeigh

Du pareil au même en hégémonie
Comme en Cendrars, Moravagine
Comme en sa lanterne le mauvais génie
Comme en Eminem, Slim Shady
Comme en moi-même la saine envie
De miner l'unanime comme une anémie
Il nous faut l'abîme pour échafauder
Que les cendres se calcinent pour s'ériger
Des ruines du vide naissent les pensées
Qui effleurent les narines des éveillés

L'abîme brame sous nos pieds qui triment, trament
Enweille! Déguédine Dan, déguédine Dan Dan
Comme Zinédine Zidane
Quand j'rime, j'rame sur l'abîme qui brame
C'est comme un bon baume sur mon âme, un hymne qui m'calme

Bounce, le gros! Ouh! Ça groove grave
Bounce, le gros! Trouves-tu que ça groove grave?
Tellement trop le goût que ça groove grave
Pense, le gros, ça prend du courage

J'ai besoin du vide pour marcher sur le fil
Ce qui me soutient c'est l'vide
Sans lui le fil est inutile
J'ai besoin du vide pour que surgisse, rugisse
Un sauvage indice, la fille ou le fils d'un avenir propice
Pour contrer la peur, *Jesus is no pacemaker*
Comme le draveur sur l'écume qu'on voit groover sur la beam
J'ai besoin du vide pour marcher sur le fil
Ce qui me soutient c'est le vide
Sans lui le fil est inutile

Déguédine Dan comme Zinédine Zidane

Devant la beauté d'un acte terroriste

Penser est un acte laïque, un acte héroïque
Devant la beauté d'un acte historique
Penser est un acte, un attentat symbolique
Mais la panique nous fait manichéens
« Le bien, le mal » clament les Américains
La terreur nous éteint, 'faut être nietzschéens
Turbiner la peur comme la Manic 5

Salut! Salut! Ceux qui s'allument s'allument
Ceux qui s'unissent, s'animent, ceux qui synonymes
Ceux qui s'allient en liesse s'allient à l'Énigme
Ceux qui s'éloignent du vide s'aliènent les signes

Salut! Salut! Ceux qui s'allument s'allument
Ceux qui s'unissent, s'animent, ceux qui synonymes
Ceux qui s'allient en liesse s'allient à l'Énigme
Ceux qui s'éloignent du vide s'aliènent les signes

L'abîme brame sous nos pieds qui triment, trament
Enweille! Déguédine Dan, déguédine Dan Dan
Comme Zinédine Zidane
Quand j'rime, j'rame sur l'abîme qui brame
C'est comme un bon baume sur mon âme, un hymne qui m'calme

L'abîme brame sous nos pieds qui triment, trament
Enweille! Déguédine Dan, déguédine Dan Dan
Comme Zinédine Zidane
Quand j'rime, j'rame sur l'abîme qui brame
C'est comme un bon baume sur mon âme, un hymne qui m'calme

Bounce, le gros! Ouh! Ça groove grave
Bounce, le gros! Trouves-tu que ça groove grave?
Tellement trop le goût que ça groove grave
Pense, le gros, ça prend du courage

L'expression « bounce, le gros » est piquée à Ghislain Poirier.

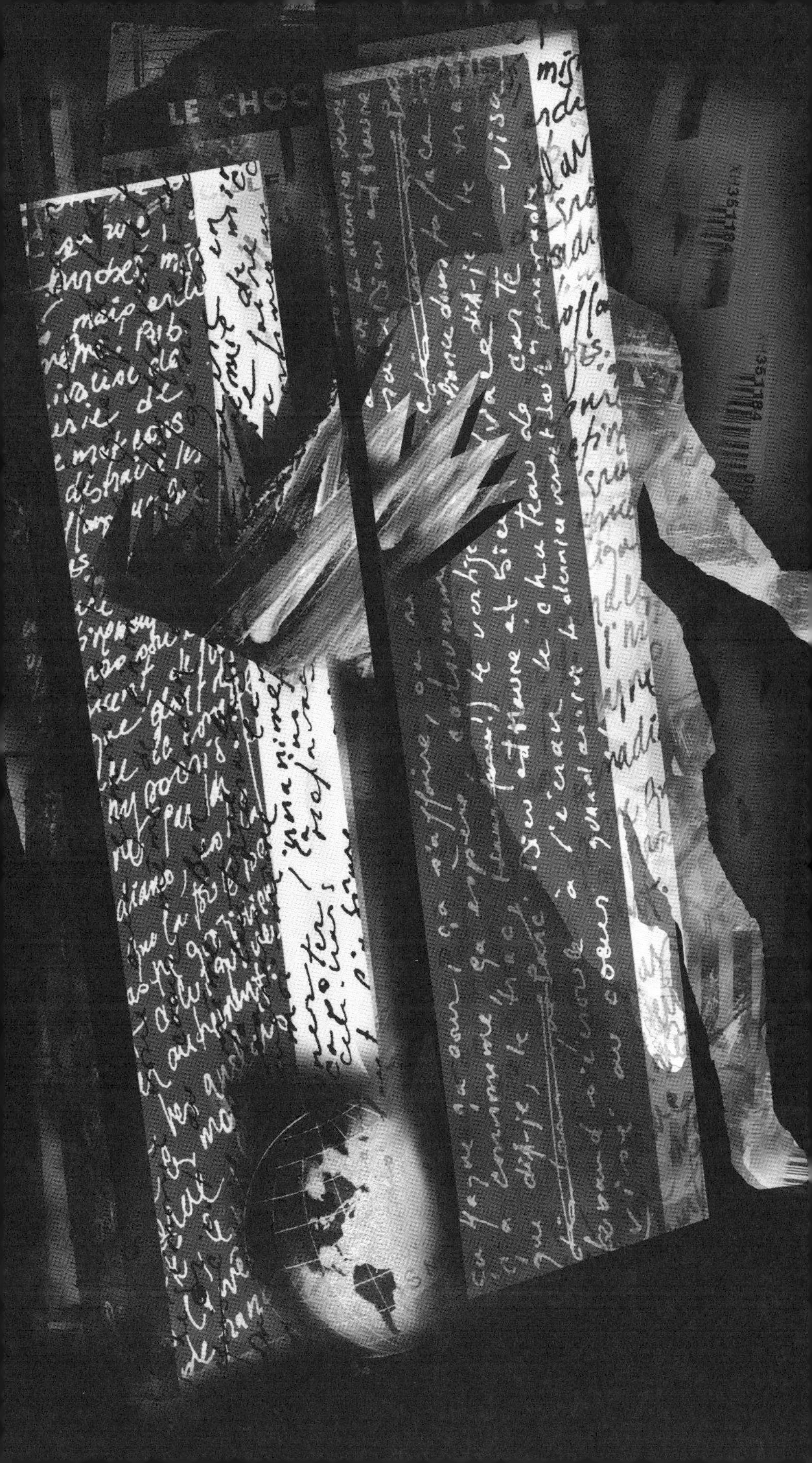
LE CHOC
GRATIS

Bonzaïon

BIZ, BATLAM

— C'est-tu d'la bonne ?
— Mets-en, man, c'est d'la Bonzaïon
   C'est comme un coup de tomahawk de Mohawk sur le goliwok
— 'Est-tu si bonne ?
— Mets-en, man, c'est d'la Bonzaïon
— Dans ce cas cut une cocotte, on va checker le stock

Mêlé, mêlé, ch'us mêlé, mêlé
Hé mon homme, c'est comme un pilum au sternum
Mêlé, mêlé, ch'us mêlé, mêlé
Ça cogne dans les neurones
Comme un boulet dans les murs de Carcassonne

Plus cool que l'école
Plus sain que la colle
Moins cher que l'alcool
Tétrahydrocannabinol

Dans ma tête ça a l'air
D'une tempête solaire
J'entends la lumière
Pis je vois les sons dans les airs

Ayoye, là je paranoye !
Dans mon crâne y'a du trafic, oh boy
C'est comme essayer de traverser un boulevard à Hanoï
Ça cogne dans les neurones comme un boulet dans les murs
    de Carcassonne

— C'est-tu d'la bonne ?
— Mets-en, man, c'est d'la Bonzaïon
    C'est comme un coup de tomahawk de Mohawk sur le goliwok
— 'Est-tu si bonne ?
— Mets-en, man, c'est d'la Bonzaïon
— Ben donne-moi-z-en une puff yo, que j'check le stock
— C'est-tu d'la bonne ?
— Mets-en, man, c'est d'la Bonzaïon
    C'est comme un coup de Muckluck
    Une puck qui te fuck le goliwok
— 'Est-tu si bonne ?
— Mets-en, man, c'est d'la Bonzaïon

C'est de l'herbe à clown clonée
Génétiquement modifiée
Au PH équilibré
Au THC multiplié

Été comme hiver
Même plus besoin de terre, sous la serre
Ça pousse, ça pousse, c'est plus abondant que le couscous
C'est la terre promise
Même sur la banquise
Faut qu'on la décriminalise
Faut qu'on la nationalise
C'est comme avec Hydro-Québec
On pourrait payer nos dettes
Net, frette, sec avec un kinto au bec

Mêlé, mêlé, ch'us mêlé, mêlé
Hé mon homme, c'est comme un pilum au sternum
Mêlé, mêlé, ch'us mêlé, mêlé
Ça cogne dans les neurones
Comme un boulet dans les murs de Carcassonne

— C'est-tu d'la bonne ?
— Mets-en, man, c'est d'la Bonzaïon
  C'est comme un coup de tomahawk de Mohawk sur le goliwok
— 'Est-tu si bonne ?
— Mets-en, man, c'est d'la Bonzaïon
— Ça fait que t'entends des trompettes ou ben tu pètes au frette
— C'est-tu d'la bonne ?
— Mets-en, man, c'est d'la Bonzaïon
  C'est comme un coup de Muckluck
  Une puck qui te fuck le goliwok
— 'Est-tu si bonne ?
— Mets-en, man, c'est d'la Bonzaïon

— *Let's roll a big fat motherfucking J*

— Hep, chef ! Tu veux te bronzer la tête ?
— Sûr, montre-moi ta *phat shit*
— Moyennant bakchich, je t'envoie sous les gifles du soleil
   Pour un méchoui à Marrakech ou Yamachiche
   De toute façon, c'est kifkif
   Y'a couscous au haschich, spliff aux pois chiches
   Ch'us jamais allé en Jamaïque mais t'sais quoi ?
     j'squatte chez Chafiik

Mêlé, mêlé, ch'us mêlé, mêlé

Mets-le avec du tabac, du kawa
I feel like a flower-power !
Mêlé, mêlé, ch'us mêlé, mêlé
Comme les écrevisses dans les… Hein ! calvaire !
(Koubraüss [visite de la tante inquiète])

Mêlé, mêlé, ch'us mêlé, mêlé
Hé mon homme, c'est comme un pilum au sternum
Mêlé, mêlé, ch'us mêlé, mêlé
Ça cogne dans les neurones
Comme un boulet dans les murs de Carcassonne

— C'est-tu d'la bonne ?
— Mets-en, man, c'est d'la Bonzaïon
   C'est comme un coup de tomahawk de Mohawk sur le goliwok
— Est-tu si bonne ?
— Mets-en, man, c'est d'la Bonzaïon
— On fume de l'herbe à clown
   Pis on te compose une toune

— C'est-tu d'la bonne ?
   Mets-en, man, c'est d'la Bonzaïon
   C'est comme un coup de Muckluck
   Une puck qui te fuck le goliwok
— 'Est-tu si bonne ?
— Mets-en, man, c'est d'la Bonzaïon

BATLAM • Souvent, l'idée me vient qu'on est 7 millions qui venons d'fumer un gros bat de Québec Gold pis qu'on badtrippe parce qu'on a inhalé les thèses nocives de nos adversaires fédéralistes. Pis qu'on est mêlés, mêlés…

La censure
pour l'échafaud

BATLAM, BIZ

À l'affût des fumisteries, de mes funestes et fumeuses
    affinités avec les régimes honnis
J'affûte mes flûtes et réfute le «vous fûtes ceci»
Me méfie des «vous fîtes fi des Juifs pis des fifs ici
De tout ce qui s'différencie
Que s'il eût fallu qu'il y eût des fours ici
Vous en auriez fait, pour sûr, du poulet frit
En fait, vous êtes, tous autant que vous êtes ici, des fous
Des groupies de l'abbé Groulx pis de Jean-Louis Roux...»
Si on les écoute, y
Faut autodafer tout ce qui nous fait honte à leurs yeux de pontifes
Qui réclament sacrifice, sur un autel apocryphe
L'holocauste de nos désirs travestis en vices
En tares, en atavismes
Y veulent voir notre passé brûler vif
Tuer dans l'œuf l'avenir qui s'y niche

J'vérifie, j'lis pis j'trouve que j'ai l'dos large en estifi
On nous mystifie
À la fin des années folles, l'hystérie fut fort bien répartie, merci
Mais qui m'a dit qu'ignorance et amnésie donnent carte blanche
    à toute hypocrisie ?
Ainsi, si Céline est antisémite pis qu'icitte on est franco
Ipso facto on se mérite le titre d'ostie de fachos
Tout ça m'irrite, surtout qu'on oublie vite qu'en Ontario
Les plages un jour furent interdites aux Juifs,
    aux chiens, pis aux négros
Dans l'ordre, pis texto
Si j'le dis, c'est que je suis moi-même un nègre mais blanchi
    à la chaux
Tandis que McGill les contingentait au bachot
On faisait du textile avec les cheveux des Juifs à Dachau
Un matériau, comme les arbres de la Daishowa
C'est ça la Shoa, chose, so *watch out* avec les mots
Tu me laisses pas d'autre choix, toi
Que d'envoyer la censure pour l'échafaud

Histoire d'horreur, mémoire poreuse
Nous n'osons même plus nous nommer nous-mêmes,
    nous nous nions
Mais moi ! Mais moi !
Histoire d'honneur, mémoire porteuse

Ô toi, KKKanada
Qui me garoche des roches de reproches louches
Dès que je me rapproche des racines de ma souche
Pis qui achoppe sur la lâcheté de mon cache-cache
Pendant que l'Axe inondait le monde de bombes H
Sache
Que le père de mon père a mis son gun
Au service de l'Hexagone

Fier comme un coq, Jean-Rock pis sa gang de damned Canucks

historic cottage country resort in Ontario. it was an old pic... sign said: NO Jews, Blacks or Dogs ... No Natives ... KKK ... Saskat... ...ture I saw in... in Alberta it... the people ... No homo...

...cinie qui décime à dessein ...
...importe ? plus grany et viande ...
...i Céline est antisémite pis qu'...
...facto on s'en irrite le titre ...
...ça m'irrite surtout qu'on ...
...lages un jour furent interdit ...
...justo au chiens pis ...
...d'artistes chassaient bans ...
... dès c'est que je suis moi-...
blanchi... la ...
...

On pouvait s'y fier pour dénazifier l'Europe
J't'le dis : en Normandie, y'avait plus de francos
Que de Québécois qui appuyaient Franco
Mais on n'était pas purs pour autant, peu s'en faut
Dissimulés sous les soutanes charlatanes
Saoulés par la face cachée du chanoine
Icitte on n'a pas été vites vites
À voir la fumée d'Auschwitz
Mea maxima culpa pour tous les potes qui portent la kippa
Quant à toi, KKKanada
Pourfendeur de francophones
Meurtrier de métis
Assassin d'autochtones
À quand les excuses à la Commission des droits de la personne ?
Personne n'aime se faire traiter de facho
Fa'que la prochaine fois que l'envie te prend,
    retiens tes chevaux
Watch out avec les mots, sinon presto
J'te renvoie la censure pour l'échafaud

Histoire d'horreur, mémoire poreuse
Nous n'osons même plus nous nommer nous-mêmes,
    nous nous nions
Mais moi ! Mais moi !
Histoire d'honneur, mémoire porteuse

C'qui m'faich, c'est qu'on fish, on mord à l'hameçon
On s'empêche en pêchant par excès de contrition
On s'flagelle, lave à l'eau de Javel
Une tache originelle pas mal imaginaire
On fouille dans nos selles, on cherche la vache folle
On s'fourre le doigt dans l'œil jusqu'au coude, jusqu'à l'aisselle
Quels imbéciles !
On n'voit plus les barbelés qui auréolent nos cervelles serviles
Tandis qu'on dit à Normand Lester de s'taire
On se sert des délétères thèses d'Esther Delisle
Pis des délires de Mordecai Richler
Pour nous garder des dérives totalitaires
Nous n'osons même plus nous nommer nous-mêmes

Nous nous nions

Nous ne sommes plus que pour la honte ou la peur
La trouille nous coupe les couilles, brouille les communications
Le premier qui s'mouille risque l'excommunication
C'est un comble de colonisation
Quand un chef péquiste effrayé d'être fiché fasciste
Sombre dans la délation
Devient mouchard en voulant faire le beau
Quand un Premier ministre vire capot
Il était une fois l'affaire Michaud
C'est sûr ça fait mal, oui, mais peu me chaut
Quand j'envoie la censure pour l'échafaud

Histoire d'horreur, mémoire poreuse
Nous n'osons même plus nous nommer nous-mêmes,
    nous nous nions
Mais moi! Mais moi!
Histoire d'honneur, mémoire porteuse

J'envoie la censure pour l'échafaud

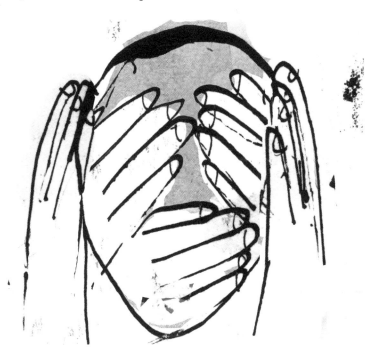

Spleen et Montréal

BIZ

à Christian Mistral

C'est pas vraiment qu'ça va mal
Mais depuis que j'ai quitté la Capitale pour Montréal
Faut que je sois réaliste : j'm'étale dans le dédale de mon encéphale
Plus souvent que je détale en direction de mon idéal astral
Astreint au train-train quotidien comme un esclave à fond d'cale
J'ai l'impression que ma vie m'avale
Mais sans mon aval

Comme Diogène avec son fanal

Je cherche un homme en moi
Qui ne soit pas celui que je vois mois après mois
J'sais pas c'qui va pas
J'ai pourtant mes dix doigts, ma blonde à côté d'moi, un toit,
   j'ai même un emploi
Mais chaque jour un peu plus je ploie sous le poids
   d'un couvercle ben vissé
Au-dessus de ma tête, une sorte de cercle ben vicié
Sans aspiration, j'peux pus respirer, aspiré
Par la spirale d'une houle à rappel, j'me rappelle
Qu'y faut que je coule encore plus profond
Pour espérer remonter – si j'ai de la veine – avec la veine de fond

Spleen et Montréal
Comme dans le Vortex de Mistral
Spleen et Montréal
Ma vie m'avale en amont en aval

NTRE
Ben Afnan
VIN FIN VIEUX
ROUGE 13° 123
'anatom
PLEEN
e). Psych
éclat de
soleil. Fig. Grand éc
gloire : la splendeur d

Spleen et Montréal
Comme Diogène avec son fanal
Spleen et Montréal
Toujours en quête d'un idéal

Sangsue seule et scellée dans son salon
Morose, je me métamorphose
Comme le cafard du cas Kafka
Mon corps est comme une espèce d'insecte extrinsèque
    à mon cortex
À peine parvenu larve
À des années-lumière d'un malamute en rut, je mute
En vache avachie dans son pré… sent
Une sorte d'animal mou en mal de mou… vement
Assis ici et là… las… las
Sans cesse, hélas, enlacé par la paresse
Le remords mord aux dents me dévore corps et âme
Comme mon ostie d'nation
Sans aucune ostination

Je suis le pro de la crastination

Le paresseux qui, par essence, a sué à scier ses essieux
Pour justifier avoir à les réparer avant de pouvoir être paré
Tant de talent latent au fond de l'étang, attendant un élan
Après deux ans, y s'rait p'têt' temps que j'me botte le… han

Car quand je le veux, je peux devenir dieu
Vivant, sur le qui-vive, en équi… libre comme l'air… de rien
T'nez-vous ben, j'm'en viens
Tout comme Poséidon, je possède le don
De faire frémir les flots
Quand je dis « vent », vingt vagues vont de l'avant !
Mais le plus souvent, verre de vin à la main je divague en vain
    sur le divan

CHAFIIK · Ce qui est intéressant dans le rap, c'est que ce n'est pas juste un style parmi tant d'autres. Musicalement, ce n'est pas une variante du rock comme tout ce qu'il y a eu entre 1950 pis 1980. C'est vraiment une forme à part. C'est aussi différent du rock que le jazz peut l'être du rock et que le classique peut l'être du jazz. L'intérêt artistique du rap n'est pas au même endroit, y'a beaucoup moins d'importance accordée aux mélodies. Les gens qui étaient bons en chansons ne sont pas nécessairement bons dans le rap, souvent très mauvais. Nous, on l'a vraiment pris artistiquement, le rap. Donc, les clichés, nous, on n'en a que faire.

Maison et Idéal

CHAFIIK, ABDEL KARIM BENZAÏD

Être sédentaire, c'est dans la tête que c'est dangereux, man
Le corps calme mais l'esprit qui rame au maximum, chum
Comme Noam Chomsky

Être sédentaire, c'est dans la tête que c'est dangereux, man
Le corps calme mais l'esprit qui rame au maximum, chum
Comme Noam Chomsky sur un trip d'opium

Chu pas péripatéticien, au sens propre
J'me promène pas trop, j'use pas trop d'bottes
Chu casanier, j'peux pas l'nier
Allez-y, riez : mon moral est d'acier

Ça s'agite dans l'gîte, ça cogite
Ça ricoche dans' caboche, c'est le rush
Toujours tout seul… tout compte fait : tout baigne !
L'important c'est que, pourtant, je m'pogne pas l'beigne

J'fais des beats dans ma maison
Des combinaisons de sons sans raison
Ça m'aguerrit pour ma guérison
Mon lithium, cré-moi, c'est la création

C'est pas pour épater les potes ou personne
Que je mets la patte à la pâte autant que ça
J'prends l'air dans mes chansons
C'est moins cher qu'un billet d'avion

Être sédentaire, c'est dans la tête que c'est dangereux, man
Le corps calme mais l'esprit qui rame au maximum, chum
Comme Noam Chomsky

Être sédentaire, c'est dans la tête que c'est dangereux, man
Le corps calme mais l'esprit qui rame au maximum, chum
Comme Noam Chomsky sur un trip d'opium

Quand qu'ça jase de voyage
Chu loin d'être dans l'coup
J'ai pas vu grand-chose, dommage
Mais j'en ai entendu beaucoup…

J'ferme mes stores, j'écoute le décor
Oui oui, t'as compris : c't'un décor sonore
Pis c'est commode : c'est moi l'commodore
Du bateau-labo d'où j'élabore mes transports

J'fais des beats dans ma maison
Pour les vacances y'a pas d'saison
Ça s'passe en tout temps, mais jamais *vraiment*
Chu crevé mais j'fais jamais de crevaisons

Tout le temps que j'passe au travail (que vaille)
Quand ça m'dit rien qui vaille (que vaille)
Est dû à mon désir qui *fly, fly, fly dedans le sky*

Mais il faut qu'je revienne sur terre
Y'a pas de honte à être sédentaire
La lumière est en nous avant tout
Demande aux Hindous…

Être sédentaire, c'est dans la tête que c'est dangereux, man
Le corps calme mais l'esprit qui rame au maximum, chum
Comme Noam Chomsky

Être sédentaire, c'est dans la tête que c'est dangereux, man
Le corps calme mais l'esprit qui rame au maximum, chum
Comme Noam Chomsky sur un trip d'opium

ما عندي ما ندير، ديما قاعد في الدار

ما عندي ما ندير، ديما نغني في الدار

ما عندي ما ندير، وانشاء الله نصير

بين الخدمة والدار، أنا ديما محتار

وديما منسم la fête البسبور والدوفير

بين الخدمة والدار، أنا ديما محتار

وين يا زهري وين، لا بسبور لا تاويل

ما عندي ما ندير نخدم beats في الدار

آوين آوين ياما، آوين آوين بابا

آوين آوين زهري وين، آوين آوين عمري وين

La phrase « J'fais des beats dans ma maison » a été prise à Ghislain Poirier.
La phrase « Fly, fly, fly [...] dedans le sky » appartient à Richard Desjardins.

La survenante

BATLAM

Primo, j'rotoculte l'immémorial culte des vivants
J'm'allonge le soir, plus de longe, j'longe la nuit
J'plonge dans l'eau noire des songes puis
J'renais au soleil levant
J'extrais de ma chair ignée une livre de mots sanguinolents
Les linéaments de queq'chose de grand
Si je prends mon temps
C'pas encore le temps pour *Le chant du dire-dire*, respire
La liqueur de Dan Danis me monte à la tête
J'ris car quand j'ai la folie des auteurs
Je replonge au cœur de mon cœur de pierre
    philosophale
Qui transmute en gemmes et en opales
Ma rage de fer, ma peur soufrière
Me mute à l'étape ultérieure à mon secteur primaire

Dans un monde noir de mots
Je cherche un mot noir de monde
Mais y'a pas de mot juste un lait qui monte
Inonde mon 8 ½ par 11

Deuzio, si j'fais, j'blesse la faiblesse
Ça, c'est mon voto
Gracile, avec du brut j'façonne du fragile
Mes mains tournent autour d'un mot d'argile
Écrire, c'est faire passer le chaos dans le chas d'une aiguille
Tu vois le topo, style ?
Je joue à roche, papier, stylo

Habile, j'ai beau rien laisser au hasard, c'est quand même lui
    qui a le dernier mot, mais
Cherche-moi pas au casino, tsé 6-49 c'pas dans mon réseau, mec
J'marmonne, j'mâchonne, j'ânonne, j'tâtonne, j'taponne
    pis j't'harponne le mot-moi
Qui pardonne l'anonymat
Jalonne la chute avant que pour moi ne sonne le glas
Yallah ! Yallah ! comme dit Abla, c'est ma charia
L'intime loi qui m'intime de toujours chanter *Sheila, ch'us là*
J'affine le mouvement, j'dégrossis mes élans
J'ouvrage le courage de vivre, j'veux vivre pour en faire
    un plain-chant

Dans un monde noir de mots
Je cherche un mot noir de monde
Mais y'a pas de mot juste un lait qui monte
Inonde mon 8 ½ par 11

Dans une chambre noire, j'planche sur une page blanche
    en permanence
Tant je m'épanche, elle étanche
Les mots me manquent, manque de peau pas manque de chance
Manque de chair, pour faire la différence
Délébile démarche du mort en marche, sans port d'attache
Les noirs croassements de l'angoisse tournoient dans un ciel
    de ouate
J'crache ma vaine peine capitale
Comme Sean Penn, avec mon crayon

J'parle à Susan Sarandon
Le fou à la nonne
Dans un total abandon

Sur la feuille écran de cette échographie
V'là qu'la lumière prend sur un corps qui fuit, qui fut
Qui remonte remuant, lourd comme une ancre
Un très vieux souvenir
Un fossile blanc dans tout ce sang d'encre de Chine
Une eau-forte, l'enfance

Qui suis-je ? D'où donc j'origine ?

Ma vie passée à poser sur ces questions des rustines
Jusqu'à ce que Justine se prenne dans notre pêche à fascines

Tu vois, j'veux que dans tout c'que j'fais, tout c'que je dis
S'profile le visage d'un pays
Mourir ou voir Mademoiselle jaillir
Bientôt sur ton sein, ma mie
Pour l'heure en ton bain-marie
Un passager clandestin s'agite
Il s'agit d'un sans-papiers, sans mémoire, sans désir
Qu'un nom, une carte blanche, un don
Un geste plein jusqu'à la coupe au creuset de tes hanches

Dans un monde noir de mots
Je cherche un mot noir de monde
Mais y'a pas de mot juste un lait qui monte
Inonde mon 8 ½ par 11

Silence. Les flancs de la feuille enflent
Tu es pleine de silence

(La nuque de) Greg Smith, grand timonier d'*Amour oral*

Antigone

BIZ

à la mémoire de Marc-Alexandre Chartrand

Comme des écrevisses dans les interstices du vice
Ils s'immiscent jusqu'au sein de la justice et de la police
Au-dessus d'la loi quand c'est l'temps de tout faire
Revoler
Voler
Violer
Dès qu'y'est arrêté
Le bandit bondit, brandit la Charte des droits et libertés
Ostie! Ce sont des assassins souillés de sang
Sales
Sans souci social
Y ramassent en masse de liasses dégueulasses
Dans leurs forteresses
On connaît leur adresse
C'est pas des poignées de main dont ont besoin les altesses
    de la scélératesse
Tabarnak! Y faut des claques aux fesses!

T'as compris qu'c'est pas d'la frime
J'rime pour ceux que le crime opprime

On dirait des enfants, man, avec leurs nananes
Y s'pavanent en bécane à banc banane, en caravane
Quand y'font des rallyes c'est pow-wow jusqu'à l'aurore
Mais quand y's'fâchent entre amis c'est pow! pow! t'es mort!
Encore un corps-à-corps
Au vu et au su de la SQ qui se pogne le cul
C'est pas avec un joujou comme Carcajou
Qu'on va les t'nir en joue
Quand les voyous frappent un coup
On tend l'autre joue
On joue trop doux
Calvaire! Ça va faire
Faut qu'on légifère
D'une main de fer dans un gant de... fer

T'as compris qu'c'est pas d'la frime
J'rime pour ceux que le crime opprime

Ameutée par mes mots
Tôt ou tard, la meute à moto
Va m'autodafer par l'omertà! Ta! Ta! Ta! Ta!
    Ta! Ta! Ta! Ta!
T'as compris qu'c'est pas d'la frime
J'rime pour ceux que le crime opprime
Sacrament!
J'voudrais tant
Que dans l'étang qui nous attend avant longtemps
Qu'les grenouilles se grouillent
Sortent des quenouilles
Les couilles comme des citrouilles
Et mettent en dedans les fripouilles
Jusqu'à temps que les barreaux rouillent

T'as compris qu'c'est pas d'la frime
J'rime pour ceux que le crime opprime

« Tellement trop ! »

BATLAM · T'sais, des fois, j'y crois qu'on a convaincu un gars qui votait pas pis qui dit : Maintenant, je vais voter. Mais des fois, j'ai un doute. Quand la foule brandit le poing pendant *Libérez-nous des libéraux*, ça me décourage en criss de penser ça, mais je me dis que, pour certains, peut-être, c'est un exutoire – à la mode en plus – pis qu'une fois dans l'isoloir, ça va être une autre affaire complètement, mon gars. Le but qu'on essaie d'atteindre est raté complètement. J'ai eu cette réflexion-là très très dernièrement, pis ça m'a un peu découragé.

CHAFIIK • Pour lui, seulement le festif aura marché... Parfois, le festif les amène au «manifeste», au discours, mais des fois ça marche pas!

BATLAM • Oui mais...

BIZ • Ultimement, cette chanson-là a comme but avoué de faire partir ce gouvernement-là. Avant, c'était à coups de pied dans l'cul, maintenant c't'à coups de scie à chaîne rouillée dans l'cul. (Silence) À coups de tisonnier incandescent là où c'qu'y fait toujours noir. (Long silence) Faut qu'il parte

char

Nous sommes prêts

vous êtes

À BOUT

Libérez-nous des libéraux

BIZ, BATLAM

Prêts pas prêts la charrue Charest, acharnée, charcute en charpie
    la charpente
De la maison qu'on a mis 40 ans à bâtir

– C'pas toi qui as milité pour Amir Khadir ?
Maintenant la table est mise pour 4 ans à pâtir, à pâlir à vue d'œil
Ahuris à la vue d'la bande d'abrutis qui bradent à bride abattue
Qui vendent à rabais, par la bande, c'qui a pas de prix
Une fois l'mandat fini, le pays ressemble d'un abatis
Coupe sombre, coupe à blanc, Coupe Grey
« Alouette, je te plumerai »

Et pour couper court au courroux populaire
Patapouf étouffe la foule et légifère à tombeau ouvert
Pis tout sourire, il sert la soupe populaire
C'est ça être solidaire quand on a sacré tout à terre
Afin de faire taire un argumentaire unique en terre d'Amérique

Mais son affaire, ça fait ben trop l'affaire des régents d'affaires

Du Canada pis du Conseil du patronat
Bâillon pas bâillon, je raille pareil, le patron des patrons
« Ta yeule Taillon ! »
Heille, si le dément démantèlement t'excite tellement
Que c'est comme de la musique à tes oreilles
Comment t'aimes le tintamarre des barbares, dans tes tympans
        d'avare hagard ?
Face à la menace de la braderie on brandit
Le poing de la patrie à la face des bandits
Face à la menace de la braderie on brandit le poing...

Libérez-nous des libéraux !

J'te l'dis carré, catégorique
Jean Charest, Mike Harris : même combat, même charisme
        même kermesse des biens et services publics
Câlisse ! faut que ça finisse
La chasse aux BS pour eux c't'une business inespérée
Pis ceux qui dépérissent
Il reste plus qu'à prier saint Jean-Baptiste
Ça vous apprendra, ma race de séparatistes

Y'a pas de place où on peut pas faire la piasse
Contrats de performance pour la SGF, pour les CPE, ou les SDF
Un impôt sur la quête ? Tiens, ça serait pas bête !
Ça dirige le Québec comme une PME
Comme un pimp ses putes pour qu'elles alignent les P.I.P.E.S'ti !
Ça se sait, ça s'connaît, la clef du succès pour le 24 Sussex
        c'est d'asexuer le Québec
Quel beau sujet pour Jean-Claude Labrecque
« À hauteur de gnome » (hauteur de braguette)
Sucer debout, c'est ça se tenir drette...

(zzzzzzzzzzzzip) : « Je suis prêt »

FAUX CADRE
anciens et modern
SE TROUVENT
depuis 1847
CHEZ
LIBÉ

On est loin de « Maître chez nous »
Maintenant comme jamais, il y a un traître chez nous
Ça s'entend quand il parle comme un derrière de boîte
    de céréales
Si tu penses me faire taire, tu perds ton temps, j'suis intarissable

« Je vais sous ton ciel, Muse ! et je suis ton féal »

Face à la menace de la braderie on brandit
Le poing de la patrie à la face des bandits
Face à la menace de la braderie on brandit le poing...

Libérez-nous des libéraux !

Pendant que le kid de Sherbrooke
Liquide au souk ce qui nous distingue
Au carnaval libéral fédéral, ça bringue dingue
« Viva Canada ! Banana republica ! »
« Mandat sur mandat, on est encore là ! »
Un parti unique, c'est un parti inique, cynique, qui nique
Tout débat démocratique
La confiance de la rue est rompue
Car la cour de l'empereur corrompu accumule les écus

Et enfin, quand il sent la fin, le monarque débarque
Mais passe le pouvoir à son homme de main
Comme un bon roi Chrétien
Mais selon moi, Martin
Tient du requin ben plus que du dauphin

L'armateur, arnaqueur, anglo, franco – on sait pus trop –
Joue sur tous les tableaux
C'est l'homme des shaloms et des salamalecs
Mais comment croyez-vous qu'il conçoive le Québec ?
Depuis 10 ans, véritable sous-marin
Soi-disant nous tend la main
Mais mate-le nous démâter
En parquant l'gros paquebot des fédéraux dans nos eaux
C'est sûr, il s'insinue comme la moelle dans nos os
En somme, ça me semble simple : sous les libéraux

Québec et Ottawa sont les lames d'un ciseau
L'une décrisse les racines du lys
Et l'autre s'immisce au sein de nos services
Ça fait qu'émasculé, pis enculé, le calcul est pas compliqué :
    on va reculer
Devant tant d'unifoliés déployés à tous les paliers
Croyez qu'on va tous se noyer, broyés, dans la marée rouge
À moins qu'on ne bouge...
Enweille, bouge !

Libérez-nous des libéraux !

Les cols bleus, les cols blancs, toutes les écoles confondues
Faut se ruer dans la rue, au printemps comme une crue
Faire éclater notre ras-le-bol, une débâcle de casseroles
    trêve de paroles, faites du bruit !
Un charivari pour chavirer ce parti, comme en Argentine
        en Bolivie
D'un pôle à l'autre, c'est un constat continental :
À bas le bulldozer libéral !

Libérez-nous des libéraux

Tamtid'lidé délibérez du libellé
Tamtid'lido libérez-nous des libéraux

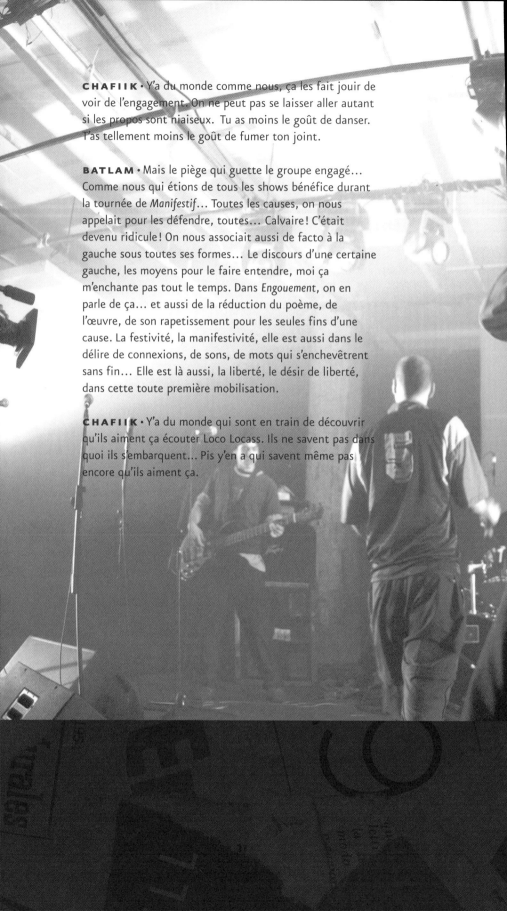

CHAFIIK • Y'a du monde comme nous, ça les fait jouir de voir de l'engagement. On ne peut pas se laisser aller autant si les propos sont niaiseux. Tu as moins le goût de danser. T'as tellement moins le goût de fumer ton joint.

BATLAM • Mais le piège qui guette le groupe engagé... Comme nous qui étions de tous les shows bénéfice durant la tournée de *Manifestif*... Toutes les causes, on nous appelait pour les défendre, toutes... Calvaire! C'était devenu ridicule! On nous associait aussi de facto à la gauche sous toutes ses formes... Le discours d'une certaine gauche, les moyens pour le faire entendre, moi ça m'enchante pas tout le temps. Dans *Engouement*, on en parle de ça... et aussi de la réduction du poème, de l'œuvre, de son rapetissement pour les seules fins d'une cause. La festivité, la manifestivité, elle est aussi dans le délire de connexions, de sons, de mots qui s'enchevêtrent sans fin... Elle est là aussi, la liberté, le désir de liberté, dans cette toute première mobilisation.

CHAFIIK • Y'a du monde qui sont en train de découvrir qu'ils aiment ça écouter Loco Locass. Ils ne savent pas dans quoi ils s'embarquent... Pis y'en a qui savent même pas encore qu'ils aiment ça.

Engouement

CHAFIIK, BATLAM, BIZ

Nous v'là devant vous
Lanternes pour les fous
Dangereux comme des boute-en-train
Qui, en s'défoulant
Parlent et donnent des coups
Dans tout ce qui nous prouve encore
Qu'y reste un bout de temps
Avant l'émancipation absolue d'absolument tout
Sens-tu mon feu roulant
Chauffer comme le couchant
Dans l'seul but qu'ça bouge en masse
Mais que le mouvement
Soit surtout dans les idées ?
C'est l'idée Loco Locass qui prend place
Face à l'adversité

Tu l'aurais jamais cru
Que le politique allumait
Le peuple des plus
Gâtés ripoux du
Globe où l'on s'entre-tue
À coups de couteaux, coudonc, tu
M'aimes-tu ?
J'ai vu
Jésus
Le peuple élu
C'est moi, tu
La pognes-tu ?

Lace ton casque ou débarrasse
Parce qu'on en déplace en masse d'air
En loquaces efficaces on décrasse
En estie l'esprit
Dénonçant le non-dit

C'est que l'appétit des nantis s'agrandit

Petit à petit, le petit mendie dans la main des bandits
Ti-cul, tu n'as pas compris quand tout à coup
    tu t'acoquines à la compagnie Nike
C'est aux enfants des usines aux Philippines que tu en fais
    payer le prix

On peut être tout un clan de nationalistes
Sans former pour autant une nation de racistes
Effectivement, c'est pas un non-sens
On peut être pour toutes les indépendances
J'ai tendance à penser que quand surgira la nôtre
Même ceux qui se sentent pas des nôtres
Ne nous voyant plus à genoux
Seront, plus que jamais, chez eux chez nous

Nous v'là devant vous lanternes pour les fous, dangereux comme des boute-en-
train, qui, en s'défoulant
parlent et donnent des coups dans
tout ce qui nous prouve encore qu'y reste un bout de temps
Avant l'émancipation absolue d'absolument tout, sens-
tu mon feu roulant
Chauffer comme le couchant
Dans l'seul but qu'ça bouge en
masse mais que le mouvement
Soit surtout dans
les idées ?
C'est l'idée Loco Locass qui prend place
Face à l'adversité

Liberté, puberté cybernétique
Mise en berne est l'éthique
Car la quête à cons est frénétique
L'éthique gêne la biogénétique
C'est qu'à bisser des brebisser des brebisser des brebis…
    c'est un abysse ontologique

Écoute les secousses de ce son couscous
Qu'on dirait droit sorti d'un souk
Souque ferme si tu veux que j'la
Ferme à Mathurin, Hi ya hi ya…

Yo yidli yo yidli yidli yo yo

De bas en haut
Suis le fil de mon propos

Indépendant
Indépendamment de ce que disent papa, maman
J'reste indépendant
Indépendamment de la direction du vent
J'reste indépendant
Indépendamment du nouveau gouvernement
J'reste indépendant

À ma langue j'ai mal
Fa'que, fier comme Facal
J'fouette mon joual comme un ch'val
Tagada tagada tagadadagadadagadad'accord,
    ça galope clopin-clopant
Ça « chop » au lieu d'couper
Ça « clope » au lieu d'fumer
Ça « pop » au lieu d'péter
Ça « mop » au lieu d'frotter
Ça « top » au lieu d'dépasser
Ça « cop » au lieu d'policier
« Hip-hop » au lieu d'rapper en ramenant la rime
    à l'arrière du commentaire

J'crisse des gifles su'l pif d'la BAF
Qui veut être calife à la place du *fat ass*
Pis la clique d'la CLAC qui plaque plutôt qu'applique
Les calculs de Karl Marx
J't'explique avant qu't'éclates
Que tu prennes tes cliques, tes claques
Qu'la porte, t'a claques
« Tabarnak ! Es-tu pile ou face ? »

Quand la gauche est maladroite, j'coche : Loco Locass

Qui frappe sur tout c'qui bouge
Dans c'rap tout c'qui s'trouve
À gauche comme à droite pourvu qu'ça groove, gens
Comme une tribu d'orang-outangs
On fait plus de boucan
Que même feu Leloup Jean
On flambe des kilojoules en
Louant l'défoulement
Souvent, tout le temps
C'est fou c't'enjouement
Pas de doute en ce moment
Tu goûtes c'que ça goûte l'engouement

Nous v'là devant vous
Lanternes pour les fous
Dangereux comme des boute-en-train
Qui, en s'défoulant
Parlent et donnent des coups
Dans tout ce qui nous prouve encore
Qu'y reste un bout de temps
Avant l'émancipation absolue d'absolument tout
Sens-tu mon feu roulant
Chauffer comme le couchant
Dans l'seul but qu'ça bouge en masse
Mais que le mouvement
Soit surtout dans les idées ?
C'est l'idée Loco Locass qui prend place
Face à l'adversité

C 4
Off
:HSCT
Surv
M

0
0

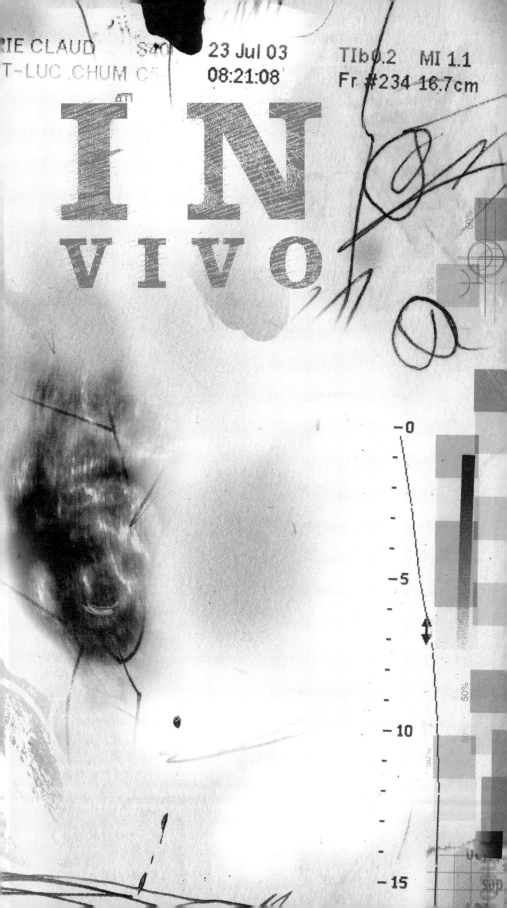

Art Politik

BATLAM, BIZ, CHAFIIK

La vertu civique nique systématiquement les vices
Du système étatique, par en dedans, en l'aimant tellement
Qu'il s'émancipe quotidiennement
Ici j'insiste et je cite Ernest Renan :
« L'existence d'une nation est un plébiscite de tous les jours » Je
Me plais bien
À voir mon peuple de plébéiens
Geindre et se plaindre
Du peu de cas que l'État fait de son cas
Mais qua c'est qu'tu crois mon gars ?
L'état dans lequel est l'État
Est à la mesure de ta léthargie
Ici on vagit, n'agit plus
   de vigilance
Ci-gît l'idée d'État providence
Chacun pour soi, dans son coin, coi
Fier d'être Québéc… hein quoi ?
Ça c'est là où le cercle se visse
Évinçant l'art civique si vicieusement

La vertu du citoyen te parle d'espace mitoyen
Salut à toi l'Irakien, l'Iranien, l'Nord-Coréen
Ahlan wa sahlan*
Dans mon tam-tam jam ethnique contemporain
La vertu du citoyen te parle d'espace mitoyen
Salut à toi l'Ghanéen, l'Italien, l'Dolbéen
Tire-toi donc une bûche
Dans mon tam-tam jam ethnique contemporain

*Bienvenue

Pour avoir tenu tête aux tempêtes, à la conquête
Il faut que j'en convienne, les pure laine
On était maillés serré
Sauf qu'après avoir flushé la race et la religion
Comme bases de la demeure
La question de base demeure
Comment vivre ensemble ?
Il me semble que Fernand dans ses Raisons communes
Avait raison : communauté politique vaut mieux
    qu'État nation
N'en déplaise aux tenants du bon vieux gai temps
Fini le temps sans bon sens du 100 % pur sang
Que tu sois Grec, Tchèque, Guatémaltèque ou métèque
Le Québec t'accepte, te respecte
Fuck ceux qui rouspètent !
Tant que mon patois laisse pas tes enfants pantois
Mon toit c't'à toi

Icitte y a d'la place en masse pour rassembler toutes les races

À tous ceux qui n'ont en bouche que
« Pas touche à mon Québec de souche »
J'les envoie sur la touche, aux douches !
En fait, je souhaite
Que le moule des idées de la droite se gauchisse
Au contact d'une planète qui RAPetisse et se métisse

La vertu du citoyen te parle d'espace mitoyen
Salut à toi l'Israélien, le Palestinien, le Syrien
Ahlan wa sahlan
Dans mon tam-tam jam ethnique contemporain
La vertu du citoyen te parle d'espace mitoyen
Salut à toi l'Amérindien, le Canadien, l'Uruguayen
Tire-toi donc une bûche
Dans mon tam-tam jam ethnique contemporain

Au faîte du mont Fernand
Je constate notre déraison comme une fosse commune
Et titre à la une que les thunes acerbes
Procèdent à un génocide de l'éthique
Et désherbent la liberté au nom d'la liberté d'commercer
Tu fumes de l'herbe au label Hell's Angels pour t'émanciper
« Besoin d'un quart pour mon corps mort affalé su'l'canapé
Ben à mon poste devant mon poste de T.V.
Mon C.V. ? J'vas trois fois par jour au W.C. »
Bro, c'est ton bro qui t'parle de Big Bro
Pendant qu'tu joues à Mario Bro... au secours !

La vertu du citoyen te parle d'espace mitoyen
Salut à toi l'Lybien, l'Vietnamien, l'Abitibien
Ahlan wa sahlan
Dans mon tam-tam jam ethnique contemporain
La vertu du citoyen te parle d'espace mitoyen
Salut à toi l'Haïtien, l'Gaspésien, l'Caucasien
Tire-toi donc une bûche
Dans mon tam-tam jam ethnique contemporain

Hé toi fils de richard
Qui a l'choix entre ses six chars
Tu t'crois plein d'vertu parce que tu t'évertues
À sortir un castor de ton costard Lacoste tard le soir
Pour faire boire un ciboire de loubard, de quêteux ?
Mais pense à ta compagnie qui pourrit l'pays pis l'esprit
Depuis un esti de bout à coup d'campagnes dégueulasses
Dans les magazines de masse et pis tes usines
Qui chient leur chiasse dans la campagne dégueulassée
Par les cass' de ta race
Et pis en plus, minus, enfonce-toi dans la... tête
(en parlant d'égal à égal) que le sans-abri-fiscal
Qui s'cale le mescal dans l'escalier avec bonhomie
Fait mieux rouler l'économie de son pays en payant
Son alcool à friction qu'toi pis ton addiction
À faire croupir tes millions
Loin, ben loin du risque qu'le fisc confisque !

La vertu du citoyen te parle d'espace mitoyen
Salut à toi l'Séraphin, l'plein d'foin, toi qui as rien
Ahlan wa sahlan
Dans mon tam-tam jam économique contemporain
La vertu du citoyen te parle d'espace mitoyen
Salut à toi l'Africain, l'Européen, l'Américain
Tire-toi donc une bûche
Dans mon tam-tam jam ethnique contemporain

BIZ • Notre public cible, c'est tous les Québécois, pis moi, je ne dirai pas à quelqu'un : parce que tu as voté ADQ ou libéral, je t'exclus du public Loco Locass.

CHAFIIK • Je t'insulte simplement!

BIZ • Non, mais je vais te botter les fesses parce que je ne suis pas d'accord avec toi.

CHAFIIK • On va te dire merci de nous inspirer nos textes.

Comme un cari bou
Debout dans la bou
On ira jusqu'au bo

Super Mario

BATLAM, BIZ

Loco Locass! On r'fait surface!
Le temps d'la campagne on arrive en ville
Faut qu'la toune spine pour contrer le spin de la droite adroite
Ouin! Ça suffit les pirouettes des idéologirouettes
Ici j'ai l'bras long pis j'tombe à bras raccourcis
Sur Géranium 1ᵉʳ pis les grosses légumes du parti
Chaf, enweille la sauce!

Parti vire-capot, parti sur les chapeaux d'roues
Qui roule maintenant sur la jante
Des lendemains qui déchantent
La chute est touchante, même un brin méchante
Sans roue de secours pour sa *flat tax*
En cours de route la transmission claque
« Faudrait p't'être changer d'cap
Flic flac! D'image de marque
S'mettre une cravate, s'faire socio-démocrate? »
Non! En route pour la cour à scrap!

D'instinct ch'us distinct
J'ch'te dis ch't'un dissident d'ici
Pas ben distingué
Mais je sais distinguer
Même quand elle est bien fringuée
La droite de la gauche
Tu trouves ça beau les gros sabots du p'tit nabot?
C'est vrai qu'il est jeune et beau
Stoïque au max comme Stoiko

Il excelle au triple axel en badinage artistique

Il est retors et simplet
Sa rhétorique adroite, à droite, plaît plus
Que les laïus des vieux renards en complet

– Changement! Changement! On veut du changement!
– Quitte à confier au lévrier les leviers du clapier?
N'importe quoi pour les Québécois
Pourvu qu'on soit dans l'changement
– Changement! Changement! On veut du changement!
– Quitte à confier au lévrier les leviers du clapier?
N'importe quoi pour les Québécois
Pourvu qu'on soit dans l'champ…

Depuis qu't'as dropé ton drapeau
Tu sais pus quoi faire de ta peau
Ça fait qu'tu fais comme le troupeau
Pis tu joues à Super Mario
Or, tant qu'tu trippes à tribord
Tu seras jamais de mon bord
Parce qu'en mon for, ch'us pas d'accord
De flusher par-dessus bord les efforts
Qu'on a faits pour devenir plus forts
« Ben moi j'trouve que l'État c'est rien qu'un gros tas bêta

Dont le résultat est un duplicata d'errata »

Pis toé t'es dépité pis t'es piteux
Pis tu voudrais des députés pas putes et réputés
Mais c'est pas tant les vieux partis pourris
Que ta pathétique apathie
Pis ton hypothétique et petit appétit
Qui aplatit ta patrie pis ton pays

– Changement! Changement! On veut du changement!
– Quitte à confier au lévrier les leviers du clapier?
N'importe quoi pour les Québécois
Pourvu qu'on soit dans l'changement
– Changement! Changement! On veut du changement!
– Quitte à confier au lévrier les leviers du clapier?
N'importe quoi pour les Québécois
Pourvu qu'on soit dans l'champ…

J'mange pas d'ce pain-là
Livide et sans levain, y'a

Rien à faire ça tient pas
Au corps ça bouche pas d'coin, moi
J'ai plus qu'un creux qu'une faim, là
C't'un vide ou un ravin :
L'envie d'être enfin souverain dévore mes intestins, va voir…
« Les gens veulent pas savoir, ils veulent croire »
OK, t'as pas tout à fait tort mais quoi croire ?
Ça c't'une autre histoire
Tu m'fais pas rêver, ou à ma mort, avec ton moratoire :
Plus question d'parler d'constitution ou su'l marché noir
Devant cette stratégie débilitante
Ma plume militante, vigilante, diligente, zélée, jamais dilettante
Illico ridiculise les tenants, tenantes
De la lilliputienne politique du dirigeant qui scande :

– Changement ! Changement ! On veut du changement !
– Quitte à confier au lévrier les leviers du clapier ?
N'importe quoi pour les Québécois
Pourvu qu'on soit dans l'changement
– Changement ! Changement ! On veut du changement !
– Quitte à confier au lévrier les leviers du clapier ?
N'importe quoi pour les Québécois
Pourvu qu'on soit dans l'champ…

Comme la gangrène dans les veines
Une mauvaise graine dans la plaine
Aurais-tu l'ADQ dans l'ADN, man ?

Roc Rap

GRC

When it's time to set our minds
And to combine rap and ROC*
Our rhymes are the finest of the fine
To define this nation of mine
Hey!
Canada is the land of law, land of all
Where you're from, who you are, it doesn't matter at all
History's a big shopping mall
You're the landlord, lad, of a Loblaws:
Go choose your language, your culture or your coleslaw
Individual integrity is the whole idea of this community
YOU are the king nitty-gritty of this oh so great country
And we don't heed the easy mockery
That we still hide here under monarchy
God saves the Queen but not the Twin towers
This new millennium is our hour

* Rest of Canada

L'angle-o-saxon Rod Shearer en plein travail...
Salut, mon Rod!

I want to hear you sing louder, louder
That we are, here, now and for ever and ever:
One voice
Under one flag, one choice
Top ever better best country, the Rolls Royce

In this short essay, you will see that we say USA
Are NRA gun nuts
Who sit their big butts at every Pizza Hut
Geez! These obese species are close to implose
At this point of no return

They don't even need Iraqi's hara-kiris to burn

America would never scream its confession
But we know its secret dream is
To be like our federation
'Cause, we are

One voice
Under one flag, one choice
Top ever better best country, the Rolls Royce

On my back pack
I've got my flag tacked
Even in Bagdad
Saddam's like « Hey, the pal's back! »
Get down to brass tacks

Canada's fantastic

I don't know, ask Nasdaq about it
Canucks kick ass, no doubt about it!
So when I hear those French fucks saying
« Let's mock, Saran wrap the ROC around the clock! »
I'm like: let's call the cops, Sheila's the tops
Look and see how she maple spreaded me
My ass, and my family
Really, this province of Quebec
Is a pain in my ass and in my red neck!
See me saying it out loud on this CD deck:
We should throw those loners over the deck!
So we could finally be:

One voice
Under one flag, one choice
Top ever better best country, the Rolls Royce

BATLAM • Notre lien avec le milieu hip hop, c'est une chance incroyable parce que ça nous donne un accès presque naturel à une réalité québécoise méconnue, celle des communautés culturelles. Moi, venant de Québec, les communautés culturelles, je ne les connais pas. Comment les connaître, comment se rencontrer ? Quand on est allés faire l'entrevue avec Goofy pis Slim l'autre fois, j'ai pogné une débarque… Je me suis retrouvé dans un sous-sol de Montréal-Nord où ces deux-là diffusent leur émission via internet. On a discuté avec eux, deux fils d'immigrants haïtiens ; n'eût été du rap, jamais on se serait rencontrés, jamais. Par eux, j'accédais à une part méconnue de la société dans laquelle je vis et que je crois connaître… J'apercevais mes œillères, je me rendais compte à quel point on est ghettoïsés, séparés, retranchés dans nos quartiers. Chez Slim pis Goofy, on était dans l'*underground* de la société et du rap québécois.

Petit rap anti-rapt

BIZ

Quand tu graves, c'est grave
Un CD copié c't'un CD qu't'as pillé
Pis c'est le décès des créateurs, cré-moi
Toute peine mérite salaire mais ç'a l'air
Qu'y'en a qui ont pas de peine à me voler l'mien
C'est comme si j'te disais : tu vas faire un examen
Mais t'auras pas de note
C'est comme si on disait à un politicien :
Tu vas faire des élections mais t'auras pas d'votes
Mais ça marche pas d'même
Le système de nos jours
C'est si tu aimes, tu payes pour
Tu paies quand tu vas au cinéma
Voir un film dont tu te souviendras pas
Tu paies quand tu choisis un ti-n'ami de Star Apoplexie
Heille, tu payes pour des bouteilles d'eau
Pis t'en as plein ton lavabo
Tu payes même pour des vers de terre pour la pêche
    à la truite
Pis tu voudrais qu'la musique soit gratuite?
Penses-y
Un CD c't'un excellent rapport qualité-prix
Tu l'as pour la vie, c'est garanti
C'est rempli de musique que t'aimes
Avec les paroles en plus, ça fait un recueil de poèmes
Pis si t'es tanné de l'écouter

Tu peux t'en faire un sous-plat
Une étoile de ninja
Tu peux même jouer au frisbee avec tes amis
Bâtard, tu m'feras pas à croire
Que ça vaut pas au moins 20 huards ?
J'ai l'dos large
Mais là j'commence à être écoeuré de manger
 d'la marge
J'te dis ce que j'pense, si j'vends pus de disques
Va falloir que j'arrondisse mes fins de mois
J'vas devenir wrapper mais au IGA
M'a m'faire bonne sœur au Cathédral à Montréal
Ou ben screw au trou du pen de Ste-Anne-des-Plaines
Je l'sais ben que ce que j'ai dit c'est vain pis
 ça donnera rien
Mais ça fait tellement de bien de se vider l'cœur
À propos des voleurs de droits d'auteur

Le Grand Rio

BIZ, BATLAM

Tracer des signes
Avant le chant du cygne
Pour s'évader du Sing-Sing de la consigne
Laisser des traces
Sur toutes les surfaces
Même un canot à glace
En bordure de Borduas
Il appose ses ecchymoses en osmose avec la prose
Et refuse globalement qu'on s'infuse dans le néant
Aparté dans l'appart à *party* parisien
Bugatti à fond d'train
Déjà le génie jalonne une gestuelle
Où giclent en jets éjaculatoires des geysers jubilatoires
Trappeur supérieur, son territoire vaste et faste
S'étend de l'Espagne à nos campagnes
Où il revient se poser
Pour imposer
Pas pour se reposer
Attelé à l'atelier comme une bête à son collier
Le bouillant barbouilleur
Abreuve au fleuve son œuvre neuve
Jamais trop tard pour le Gibraltar Rio groundé
Au milieu du St-Laurent… dépit de son corps qui se détériore
Il élabore encore de pures architextures
Ses bombes abattent les murmures
D'un monde en manque d'éclaboussures
L'hommage à Rosa
Pour sûr, ça c'est du grandeur nature

À grand coups de couteau, de truelle
L'officiant troue la truie sacrificielle
Qui crève en hurlant qui éclate en giclures écarlates
C'est une boucherie, une prière, un acte
Et pour saisir cela, il n'y aura jamais de kodak
Chez lui, on lui crie « Criss de sans-dessin, homme cruel ! »
Car chez lui on déteste l'ambition, la démesure
Mais on chérit le ciel
« Fais-toi prêtre si tu veux une vocation
Et tu seras du bord des bourreaux qui pendront les rebelles »
À la grâce de Dieu
À la graisse d'essieux
Riopelle badigeonne les cieux parfaits de Raphaël
Et sur la toile noire comme du sang cuit
On croirait un carrefour de courriels
C'est son époque qu'il façonne, comme ses potes
Beckett, Giacometti, Jackson Pollock mort ivre
Comme tous ceux qui savent
Qu'y faut que ça tue pour que ça vive !

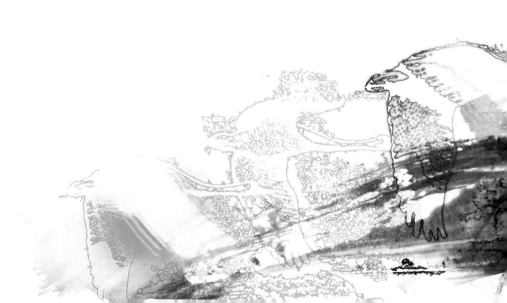

Dans l'atelier comme à la chasse
Au bord du fleuve, construire une planque
Et attendre, attendre les oies sauvages
Car l'art aussi est migratoire, cyclique
Mais le désespoir de ne jamais les revoir, ronge et enrage
Le temps fait ses ravages
Mais elles reviennent comme la joie (sauvage)
Et maintenant voûté sur la toile (presque en équerre)
L'homme mage rend un dernier hommage
L'apothéose de la nécrose
Et sa scoliose sert cette nouvelle et sublime prose
Qui se comprime comme l'air dans une carabine
     Et Pan!
      Pan!
Dans le pancréas des oies qui tombent et se fracassent
Immémoriale scène de chasse
Depuis les grottes de Lascaux
Loco Locass salue l'homme qui su garder tout son jour
La plaie verte et vive
Sachant qu'y faut que ça tue pour que ça vive!
Faut que ça tue pour que ça vive!

Faut que ça tue pour que ça vive!

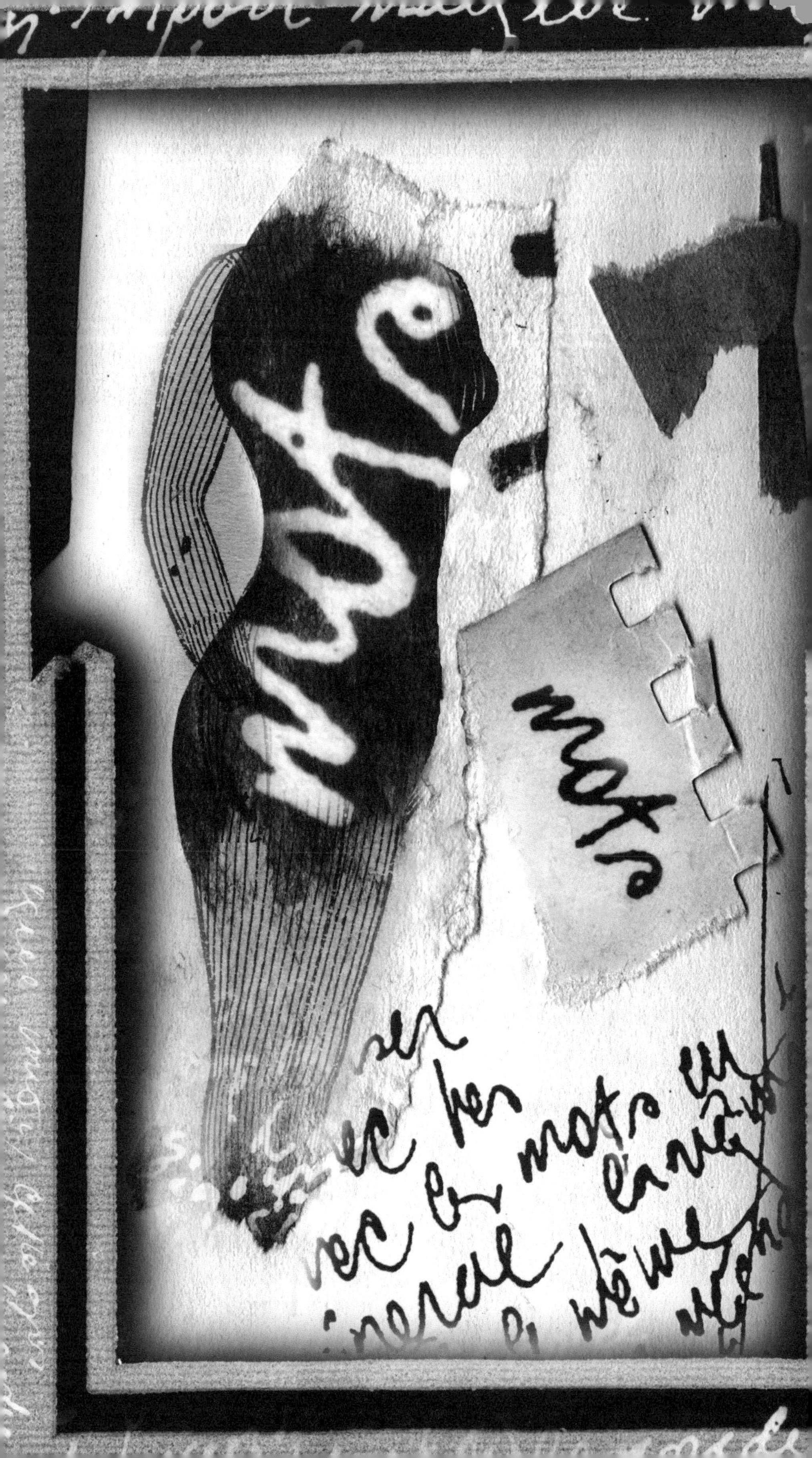
mots
mots

Table des matières